通识社会经典丛书

神话与意义

〔法〕克洛德·列维-施特劳斯 著

杨德睿 译

商务印书馆
The Commercial Press

Claude Lévi-Strauss

MYTH AND MEANING

© University of Toronto Press 1978.

Original edition published by University of Toronto Press,

Toronto, Canada.

根据加拿大多伦多大学出版社 1978 年版译出

总序

　　今天中国的每个人，都生活在社会之中。无论是否喜欢，社会都已和我们息息相关，成为每个人的生身情境。它时常作为保护者，令我们享受安逸，可也常常逼迫得人喘不过气。它时常允许我们自由行动、有所追求，但有时又会化身山呼海啸的汹涌人潮，或是开足马力的庞大机器，将我们裹挟其中，带向未知的终点。不过，再庞大的社会，也要由一个个微小的人组成。一个人能否做好自己的本职工作，有时会关系到千百万人的身家性命。我们早已在社会中血脉相连、无法分离。所以，理解社会，也是理解和面对自己以及当下身处的历史；了解它的源流，正视它的价值和局限，也才为驾驭或超越提供了可能；更何况在当下的中国，它早已和我们变化的传统扭结在一起，带来了更多的可能性和挑战。中国近代革命和人民共和国的建立，富强民主自由平等的社会主义核心价值，都离不开前辈学者和革命家建设与批判社会的不懈努力，以及呕心沥血的思考和奔走呼告。我们的这套"通识社会经典丛书"，正是想要借这些有关社会的中外经典著述，寻找思考和领悟的线索。

时至今日，通识教育对于大学的重要性已毋庸质疑。不过要通达人的内心和灵魂，接近真正的"大学之道"，却不能走马观花地涉猎群书，或满足于应付考核，拿到课程学分。纠正专业教育和学术研究中某些虚假抽象与过于技术化的倾向，也不能靠扎不下根的浮泛知识以及沾沾自喜的夸夸其谈。只有耐心细致地阅读和体悟经典，唤醒自己与前人感同身受的共同经验，和有志于学的同道一起真诚交流，才有可能达到真正的理解和领悟，体会到在这些经典著述中，与自己一同活生生存在着的普遍生命和共同历史。所以，我们提供的不是教科书或小百科式的速读品，而是选择了那些经典作者的经典作品。为引导青年学子和感兴趣的读者入得门径，我们也没有考虑众所周知的大部头著作，而是从经典作者的著述中，选出一些篇幅较小但具有重要意义的作品，并在每本书正文之前，添加一篇对该书深有心得的学人撰写的导言，引领读者进一步深入地阅读。

本丛书分西学与中学两个系列。在西学方面，我们选择了自现代早期至 20 世纪中期这一时段，围绕社会这一主题做出过重要阐发的社会科学和人文学科的作品。17 世纪的自然法哲学家和 18 世纪的启蒙思想家，尝试在新的人性与自然观的基础上来构建现代社会，确立新的道德、经济、政治和信仰。而在工业革命和法国大革命之后，危机与失范伴随着社会的繁荣和秩序一同到来。19—20 世纪，资本主义与现代国家在欧美各国确立起来，现代社会的内在张力与矛盾得以充分发展，并与西方文明的某些传统重新交会碰撞。这一时期社会思想的主题，正是在此基础上展开反思、批判与进一步的建设。在中学方面，我们侧重于选取自晚清至 20 世纪 80 年代之前这一时段的著名学人与思想家的作品。他们尝试将自身的经史传统与社会科学相结合,在中西潮流的融汇之中思考自己文明的来路与去向,体察民情,引导民众,继往开来地建设自己的社会与国家。

梁任公有云:"新民云者,非新者一人,而新之者又一人也,则在吾民之各自新而已。"今日社会的成立,不仅需要卓越的精英在紧要关头为众人指引前途,把握方向,也需要我们每一个人在日常的工作与生活中一点一滴的努力。这个庚子年初发生的一切,只不过是再次的证明而已。当然,点亮每一颗心,让每一个人都绽放生命,或许是困难的,或许终究是不可能的,但却不是不值得一做的事情。让我们的这套丛书,为此尽一点绵薄之力。

"通识社会经典丛书"编委会

2020 年 3 月 11 日

目录

《神话与意义》导读

杨德睿

　　这本小册子是窥探列维-施特劳斯结构主义的一扇绝妙的小窗，凡是被他卷帙浩繁的《神话学》吓阻的读者，定能在此找到虽微小但实在的安慰。

　　站在小窗前亲眼鉴赏大师的经典思想之美，当然是很令人愉悦的，其价值自不待言。不过，在将心神沉浸到这片美景之中的同时，能或多或少意识到大师的经典之作的历史性，也许能给这番美感体验更增一点甘苦难辨的后韵。毕竟，这本书问世已经40多年了，这40年来的人类学界又是几番沧海桑田，透过这些历史烟尘回望大师的思想，或许能品尝出别样的美丽与哀愁。

相对于《神话学》的浓墨重彩,《神话与意义》像是给"神话思维"画的一幅素描,其至是漫画。它当然免不了得直接去勾勒"神话思维"本身的特征,但它更侧重的是通过建立历史、科学、语言、音乐、"原始思维"等心智模式与"神话思维"的各种维度、层次不一的对比,来反向衬托出"神话思维"的性质。这套论述策略,或者说叙事路径,本身就是结构主义思考方法的一幅剪影。换言之,不论就其内容还是就其整体框架来看,《神话与意义》都是纯正的列维–施特劳斯式结构主义思路的展示。

正因为它是列氏结构主义思路风格纯正的结晶,《神话与意义》能具体且真实不虚地折射出这套思路的基本特征,这套东西我认为可以概括为以下四点:

首先,结构主义关注的核心不在于特定时空中出现的具体文化现象或事物,而是人类心智如何运作,从而把人类自己构想出来的一套秩序赋予世间万物,并且按照人类心智的逻辑建构起规范人类自身的文化和社会制度。换言之,结构主义的真正目的不在于解释具体事物的前因后果,而是要厘清我们的心智构造和运行规律。它的志趣不是外向的、经验性的知识,而是内省的、面对人类智识机能的知识。它不追求对个别事物的因果解释,而是要看透全人类普遍的心智。就此而言,结构主义和欧陆的唯心主义、理性主义哲学传统气性相近,与我国的陆王心学也有一点灵犀,而与倾向"格物致知"的唯物主义、经验主义迥不相侔。

其次,在我们无法直接观察到人类心智运作过程的条件限制下,结构主义主张借由观察人类心智最直接的产物,同时也是其最重要的运行媒介(语言),来回溯推测出人类心智的运作规律的大概样貌,然后再以语言学整理出来的规则为模范,拿来和人类心智所生产出来的各种其他的文化成果,如神话、音乐、科学、亲属制度等来进行比较、切磋,从而使我们对人类心智的理解逐渐趋于完备。于是,在结构主义的影响下,各种向来与语言学无关的文化领域都被语言学概念大举入侵,无论是事件还是制度结构都被当成了"文本"来解读,"转喻""换喻""范式转换"等语言学术语一时之间弥散六合、包覆宇内，蔚为大观。

再次，以欧洲语文为人类心智结构范式的结构主义，认为一切个别事物就像一个一个语字一样，其"意义"都不是凭借其本身自在的性质来确立的，"意义"只是人类心智的产物。质言之，是人类心智凭借其有意无意驱动的二分法的繁复操作，将海量的个别事物按照相反相成的逻辑相互关联起来，形成一个庞大的相互参照系，这才赋予了个别事物以"意义"。准此，在我们试图厘清某个文化事物的"意义"之时，结构主义主张我们必须先辨识出这项事物在其所在文化/社会中的一群相对、相反的事物，然后分析它与这群参照物的各种关联和对比，把这些关联和对比图式层层交叠成一个参照系，从而抽绎出该项事物的"意义"。把这套听上去极其玄乎的论点简化翻译一下，就是事物的意义和其本身的性质没有多大关系，甚至可以说没有关系，个别事物的意义完全是结构一手赋予的，所以唯有理解整个结构才能理解局部，想要一个一个地去"格物"来找寻其意义，是彻底走错了路。

最后,依旧是以语言学为模范,结构主义认为各种文化造物的基本结构,不论是宗教、亲属制度、政治制度或是交易模式,都和把语字串联起来的文法规则一样,是有限的人类心智所能想象出来的为数不多的几种模式的排列组合。因此,假定我们把着眼点完全放在辨识出某种"文法"、梳理这种"文法"的一些变异形态,以展示普遍的人类心智结构的某一局部特征,那我们就似乎能"合理合法"地无视一切相关时空条件、语境的巨大差异,从不同的地方、不同的民族、不同的历史时期中抽取出我们自认为合适的文化造物,将之熔于一炉而冶之。也正是因此,神话和音乐有可能被说成是同一种心智运行方式的产物,而来自不同民族的关于兔唇和双胞胎的神话传说与禁忌,才有可能被想象为同一观念的两种表象形式。

　　站在 2021 年的此刻回顾这套 40 多年前问世的经典理论,不由得令人感慨系之。或许最先袭来的沧桑感,就是它饱含着的那种如今已然斑驳褪色的纯真(或天真?)的信念。结构主义相信结构是客观存在的(意即它是绝大多数有正常心智的人类所共享的），在一个共享同一种语言和文化传统、生活在同一个地理空间内的社群当中，意义也是客观存在（普遍共享）的。这使得它敢于旗帜鲜明地标举普遍主义，并且乐观地预期我们终究能搞清楚人类的心智结构，从而达到某种"属于人类的真理"，解明人类究竟如何建构起我们的世界。这种纯真的信念，从20世纪70年代晚期后结构主义、解构主义崭露头脚就开始遭到严重挑战，到了80年代，后殖民主义、女性主义、后现代主义席卷西方文化界、学术界以后，甚至沦落为被嘲讽的对象、一种连严肃的批判都不配获得的东西。此后，虽然还有少数学者，特别是受语言学影响较深的文学、戏剧、艺术、传播研究者，会继续在工具层面运用结构主义的分析技术，但是作为一套宏伟的知识方案的结构主义，大体上已经被遗弃了。虽然这40年来批判、解构的狂热没能让人类更幸福，反而让人陷入更深的惶惑不安，甚至因而转向更蒙昧、暴力的民粹来安顿身心，因此，颇有些当代的学者对过去40年的思想路线提出强烈质疑，但似乎人人都明白，我们已经回不去《神话与意义》问世时的那个纯真年代了。

其次，就它自认为是人类学的作品这一点而言，《神话与意义》所怀抱的那种普遍主义知识方案的雄心壮志，也颇让人发思古之幽情。事实上，早在列氏的结构主义于20世纪50年代末出世之前数十年，人类学界就已经在文化相对主义和结构功能论这两大思潮的交汇之下，基本上放弃了普遍性的知识方案，几乎全面转向了对一个个个别的文化进行深度研究。除了凤毛麟角的几位大师以外，没有什么人类学者还敢"上下五千年，东西两万里"地高论跨文化比较，绝大多数都只是在"解剖麻雀"，终身研究范围不超过几个部落。因此，列氏的结构主义可以说是"进化论"这一普遍性的知识方案在20世纪初衰落之后，人类学界出现的又一次较具规模的普遍主义复兴运动。然而，尽管开头声势惊人，这场复兴运动终究没能落实到人类学知识生产的实践层面，也就是说，人类学者实际的为学立身之道，至今依旧是扎根在几个村落、几个街区里，深挖当地的文化与社会的各层面之间的相互关系，所以其生产出来的作品一般来说依旧是"对特定时空中存在的具体文化事物提出因果解释"，或者是格尔兹式的"深描"——以当地特定的（而非普遍性的）意义体系来阐释当地的事物，并"翻译"到让异文化背景出身的读者也能理解。结果，普遍主义终究没在人类学界真正复兴起来。不过，话虽如此，蕴藏在《神话与意义》等结构主义经典里的普遍主义，至今还在鼓舞、警策着人类学者：文化之间的沟通终归是人类学这种学问的存在价值之所系，就算我们不能真正企及普遍性的理论，但若放弃文化比较这一底线的话，人类学将彻底失去意义。

最后，值得一提的是，结构主义对于心智的强烈关注，即人类心智运行规律如何形塑了人类的世界、人类心智的局限如何限制了文化变异的跨度等问题的兴趣，并没有随着结构主义这套知识方案一起被扬弃，而是被改头换面延续了下来。最先接棒这个问题意识的是一些认知心理学家和发展心理学家，他们从 80 年代初就开始以田野调查法辅以实验法，来研究不同文化语境中的儿童认知成长过程,设法厘清文化是否以及如何影响认知发展。随后,脑神经科学、计算机科学和人工智能研究等正宗的"硬科学"也开始进入这一论域,于是在世纪之交前后,汇聚成了一个具有相当规模的新学术领域——认知科学。在此过程中,不断有人类学者加入到认知心理学和发展心理学的研究项目中,特别是那些对教育、文化传承和宗教有兴趣的人类学者,从而和一些特别重视田野调查、强调文化差异的心理学者形成了亲密的学术共同体,这群人的作品于是被笼统地冠上了"认知人类学"这个名称,以突出他们的作品与认知科学、认知心理学的关联。如今还在缓慢、低调发展中的认知人类学是很难以界说的,但绝对可以确定的是:它截然不同于以语言学为模范的结构主义,并不把通过语言文字来传输的认知看作特别重要的一种认知模式。因此,从某种意义上讲,当代的认知人类学承袭了结构主义的问题意识,但其本身又恰恰是对结构主义方法的一种建设性批判。

1977 年马赛讲座

自从 17 世纪科学诞生以来，我们便将神话视为迷信与原始心智的产物而予以摒弃，然而，时至今日，我们对于神话在人类历史中的性质与角色的理解，才可谓渐臻完善。在这五篇演说之中，才识绝伦的社会人类学家克洛德·列维-施特劳斯（Claude Lévi-Strauss），贡献出了他穷毕生之力于诠释神话、尝试揭露神话对于人类知性的重要性而得到的洞见。

题为《神话与意义》的这几篇演讲，系于 1977 年 12 月在加拿大广播公司（CBC）"观念"（*Ideas*）系列广播节目中播放，其内容则是由列维-施特劳斯教授与加拿大广播公司巴黎分部的制作人卡若勒·欧尔·杰洛姆（Carole Orr Jerome）之间数回冗长的对谈剪辑编缀而成，并由"观念"系列的执行制作杰拉丁·谢尔曼（Geraldine Sherman)统筹规划,贝涅·陆赫(Bernie Lucht)具体负责制作。

以文本形式印行的这几篇讲稿,其篇幅较之原初的广播略有扩增,以容纳因为节目时间的限制所不得不割舍的部分材料。此外,广播中所用的口语词汇经过了些微的调整润饰,以使之符合较为严格的文书准则。卡若勒·欧尔·杰洛姆向列维-施特劳斯教授所提出的主要问题,在形塑这几篇演说的呈现形式上发挥了一定的作用,故宜予列述如下:

第一章

您的许多读者认为:您试图将我们带回到神话式的思维中去,并认为我们失去了某些珍宝,必须努力将之找回来。这是否意指我们必须抛弃科学与现代的思维,并归返神话式的思维?

何谓结构主义?您是如何创造出"结构性的思维是有其可能性的"这种观念的呢?

是否一定要掌握秩序与规则才能够掌握意义?在

混沌之中是否能把握意义？您说"有秩序优于无秩序"，究为何意？

第二章与第三章

有些人认为所谓原始民族的思想逊于科学的思想，他们说：前者之所以逊于后者，不是因为思想方式的不同，而是因为就科学的观点来看，它是错误的。您又是如何评价"原始的"思维与"科学的"思维之间的异同呢？

赫胥黎（Aldous Huxley）在其《知觉之门》（*The Doors of Perception*）一书中申论道：大多数人只使用了我们人类心智能力中的一部分，其余的部分则彻底地被封闭了。您是否觉得：在当前的生活形态之中生长的我们，比起您笔下的那些以神话式的风格来进行思考的民族，使用到的心智能力要少得多？

自然界向我们人类示现一个万象纷呈的大千世界，而在人类文化发展的过程中，我们倾向于发掘、标榜人类之间的差异性而非相似性。您是否认为：我们将会发展到"可以开始去打破许多目前存在于人类彼此之间的分野"这样的一种境界?

第四章

仅仅因为研究者存在,就会使研究对象为研究者所改变,这是一个存在已久的问题了。准此以衡诸我们所搜集的神话故事,不能不令人怀疑:它们的意义与秩序,究竟是原本就蕴含于其中,抑或是搜集这些故事的人类学家所附会强加于其上?

神话式思维的概念组织与历史学的概念组织有何差异?以神话的方式来述说一个故事,是否仍是以历史事实为本,然后再将之变形,并以不同的方式来加以运用?

第五章

可否请您概略地谈谈神话与音乐的关系?您说神话与音乐都导源于语言,只是分别走上了不同的演化方向。您此说究竟意为何指?

一个楔子

虽然我行将谈论我所写过的东西、我的书和论文等等,然而,不幸的是:实际上,每当我写完之后,我马上就忘了我所写过的东西。我的这种健忘可能会招致某种麻烦,但不管怎么说,我认为这中间也蕴含着某种重要的意义:正因为这种健忘,让我觉得不是我自己主动写了我的书,而是我的书驱使我将它写出来,并且,一旦它们经过我而被写成之后,我便觉得爽然空虚、了无遗绪。

你们可能记得我曾经写道:"神话指使人在不知不觉中将它们想出来。"许多英语世界的同行对这句话多有议论甚至批判,因为他们觉得:从一种经验性的观点来看,这话是彻底的胡说八道。但对于我来说,这话却是对于一种活生生的体验的描述,因为它精确地道出了我对于我与我的作品之间关系的感受,那就是:我的作品在不知不觉中驱使了我去将它构想出来。

我从来不曾,且至今仍然没能领会过自我认同的感觉。对于我自己而言,"我"呈现为一个某些事件正在发生的所在,但不存在"作为主词的我(I)",也没有"作为受词的我(me)"。我们每一个人都仿佛是一个发生了某些事件的十字街头。十字街头是纯然消极被动的;那些事件只是凑巧发生在那里。另一个不同的,但也具有同等真确性的事件,则发生在别的地方。在这中间,不存在任何选择的余地,一切全为机缘所决定。

我绝无意伪称:"因为我这样想,所以我有权断定每个人都这么想。"但是我相信:任何一位学者和作家,其所独具的思考或书写方式,都可谓开启了对人类的一种新的观照。由于我本人具有这种特质,或许让我能够点出某种真确的情况,纵然我的同行们的思考途径开启了迥然不同的视角,但所有的这些观点都一样是有效的。

第一章　神话与科学的邂逅

且让我用一段个人的告白来开场。有一份杂志，每个月我都从头到尾一字不漏地虔诚拜读，虽然我没办法完全看懂，这份杂志就是《科学美国人》(*Scientific American*)。我极端迫切地使自己尽可能知道现代科学领域之中所发生的一切事物及其新发展，所以首先，对于科学，我的立场绝对不是否定的。

其次，我认为我们的确失去了某些东西，而且应该尽力尝试以期能将之寻回。由于置身于当下这种世界，我们不得不生活于其间的这个世界，再加上那种我们不得不追随的科学思考方式，我不敢肯定我们能否分毫无损地，好像从不曾失去似的找回这些已经失去的东西；但是，我们还是可以尽量地去了解它们的存在以及重要性。

最后,我的感觉是:现代科学丝毫没有趋于远离这些已经失去的东西,相反,将这些东西重新整合到科学的解释范畴之中的尝试,却愈来愈多。在"科学"与我们姑且强名之为"神话思维"(虽然严格说来,这样的词汇并不恰当,但为了方便起见)**这两种思维途径**①之间,真正的鸿沟与分判,产生于 17 至 18 世纪。在那培根(Bacon)、笛卡尔(Descartes)、牛顿(Newton)等大家辈出的时代里,科学有必要运用与抱持神话思维及玄秘思想的老一辈相抗衡的态势,来奠定自身的地位。当时的人认为:唯有摒弃感官的世界,即我们可以看见、嗅着、尝到并感知到的世界,科学才能存在;因为感性的世界是一个虚幻的世界,而真实的世界则是一个具有数学的性质的世界,这样的世界仅能运用知性来把握,它与感官所提供的伪证丝毫不能相容。这样的发展可能是必要的一步,因为经验显示:经由这一场分离——也可以说是决裂——科学思想才得以自我

———————

① 此七字为译者依文意所加,以配合中文书写之习惯。

确立。

如今,我的印象是(我当然不是以一个科学家的身份在说话——我不是物理学家,也不是生物学家,也不是化学家):当代科学正趋向于跨越这条鸿沟,愈来愈多的感官资料被视为一种有意义、具有一定真实性并且可以解释的东西,而逐步被整合到科学解释的范围之中。

以气味的世界为例,我们习惯性地认为这是个完全主观的、外于科学世界的领域。然而时至今日,化学家能够告诉我们每种气味、每种口味都具有一定的化学成分,并且告诉我们:为什么某些气味和口味在我们主观的感觉上具有相当的共通性,而其他的一些气味和口味则似乎千差万别。

再举一个例子。在哲学的领域里,自古希腊时代以降,直到 18 乃至 19 世纪(在相当程度上,甚至可以说一直延续到今日),一直盛行着关于数学观念之起源的讨论,诸如线的观念、圆的观念、三角形的观念等。关于这个问题,有两种最为重要的经典性理论:一者主张人类的心智（mind）犹如一张白纸（tabula rasa），初时空无一物；之后所具有的一切，均系由经验的习染所致。比方说：经由眼睛看到许多圆形的物体，尽管其中没有任何一个是完美的圆形，我们还是能抽绎出圆的观念。第二种经典性的理论肇始于柏拉图（Plato），他认为圆形、三角形、线之类的观念，是完美的、内在于心智之中的，正因它们是人类心智与生俱来的，我们才得以将它们"投影"（姑且这样说）于外在的现实，尽管现实世界从未提供给我们一个完美的圆或完美的三角形。

如今，当代关于视觉的神经生理学研究人员教导我们：视网膜的神经细胞以及视网膜之后的其他组织已经经过了特化发展，某些细胞仅对直线方向的形象敏感，一些专责于垂直方向，一些是水平方向，还有一些则专责于斜向，另有一些专门感知背景和中心物的关系等等，不一而足。我已经做了大大的简化，因为要用英文来做解释，对我而言实在太难了。所以经验与心智相对立的这整个问题，似乎在神经系统的结构上找到了解答：它并不是在心智的结构上，也不在经验之中，而是在心智与经验之间的神经系统是怎么建立的，以及它们如何使心智和经验连接起来。

或许有某种东西深深地潜藏在我的心智之中，使得我好像一直是如今人们所说的结构主义者。我母亲曾经告诉过我：在我差不多两岁大，当然也还不会阅读的时候，就号称自己其实是懂得阅读的，而当人家问我为什么的时候，我告诉他们，当我看见商店招牌的时候，例如 boulanger（面包店）或 boucher（肉店），我真的看得懂一点。因为从形象上来看，这两个字的写法有明显的相同之处：boulanger 与 boucher 这两个字的字头，都是"bou"。结构主义研究方法或许不比这个例子高深到哪里去，它的宗旨就是探求不变的事物，或者说是从表面上歧异分疏的众多事物当中，追索出其不变的成分。

这样子的研究，或许是我这一生中最重要的志趣所在。在我孩提时期有一段时间，地质学成为我主要的兴趣，而地质学的问题，也一样是要尽可能地在地壳形貌的繁多分歧之中，领略出恒定不易的成素，换言之，是要能够将一块地区化约为数量有限的地质层次以及地质活动。到了青少年时期，我把闲暇时间大半花在描绘歌剧里的服装和舞台布景，这里头的问题与前者是完全一样的——尝试用一种语言来表达，也就是说，用图像艺术与绘画的语言，来表达某种同样蕴含于音乐与吟咏之中的东西；易言之，是要尝试去了悟相当复杂的一组符码(音乐的符码、文学的符码、艺术的符码)所内含的恒常不变的属性，问题就在于发掘出这一切东西之中的共通点。可能有人会说，这不过是个翻译的问题罢了：将以一种语言(若你喜欢的话，也可以说它是一种"符码"，但用"语言"这个词就已经够充分了)所表达出来的东西，翻译成另外一种语言的表述。

结构主义，或者任何打着这个招牌的东西，都曾被认为是某种彻底新颖的，并且在当时是具有革命性的事物；这一点，我认为恐怕是错误的。首先，即便是在人文学科的领域里，它也绝非什么新发明；我们可以轻而易举地追溯出这种思想的脉流,如何从文艺复兴时期递嬗至 19 世纪,并一路流衍至今。此外,另一个错误是:在语言学、人类学或这一类学科领域中,我们所指称为结构主义的东西,其实正是对于所谓"硬底子科学"(hard sciences)(我想你们是这么用英文来称呼的)向来之所作所为的一种非常空洞且淆乱的模仿。

科学只有两种行进途径:不是归纳法,就是结构法。如果发现在某个层次上存在的相当复杂的现象,有可能化约为存在于另一个层次的、较为简单的现象时,科学就会采行归纳法。举例来说,有许多生命现象可以被化约为有机化学(physicochemical)的反应,这些反应可以解释生命现象的一部分,但非全部。而且,当我们所面临的现象过于复杂,而无法化约为较低层次的现象之时,我们就只好去探索它们彼此之间的关系,也就是说,经由尽力去了解它们所构成的究竟是怎样的一个独创的系统,以谋求逐渐理解这整组复杂的现象,这就是我们向来在语言学、人类学及其他许多不同的领域之中所进行的工作。大自然所能运用的手法（为了便于申论，我姑且将大自然拟人化），其数量是有一定限度的，而且，她在某个实存层面上变过的花样，必然会在另一个层面上再现，此话绝非诳语。基因的符码是一个极佳的范例：一如众所周知的，当生物学家和基因遗传学家发觉难以描述他们的发现之时，他们只好借用语言学的字、词、声韵、标点符号等等来说明他们的发现。我决无意说这两个是同样的东西，它们当然不一样，但是这个例子足以证明发生于任何两个不同实存层面之间的问题。

尝试将文化（用我们人类学圈里的行话来讲）化约为天性（nature）的做法，与我的本意是大相径庭的；话虽如此，但我们在文化层面上所目睹的一切，从一种形式的观点来看（我绝不是说就实质的观点来看），都是形态相同的现象，因此，纵然文化所陶铸的心智要复杂得多，也需要参酌更多的变项，这是理所当然的，但是，我们至少可以将同样的问题，归根溯源到我们可以在天性的层次上观察得到的心智。

我并不打算建构出一套哲学,或者讲出一套理论。打从我还是个小孩子的时候,我就曾困扰于……就叫它"不理性的事物"吧,还曾经尝试去发掘对于我们呈现为一团混乱无序的事物背后的某种秩序。我变成人类学者,纯粹是机缘凑巧,事实上,并不是因为我对人类学有兴趣,而是因为我想躲开哲学。同样机缘凑巧的是:在当时法国学院的架构底下,大学并不把人类学当成一门独立的学术领域来教授,所以才有可能让一个受哲学训练并以教哲学为业的人窜逃到人类学的领域里去。我溜到了那里,并且马上撞见一个难题——这个世界上有一大堆看起来毫无意义的婚姻规则,更讨人厌的是:如果它们真的没有任何意义的话,那各民族的规则就应该会各不相同才对,但是,事实上这些规则的数量却或多或少是有限的。因此,倘若我们发现同样一种荒谬的情况一次又一次地出现,这种情况就不会是彻底荒谬的,否则它就不会反复出现。

这就是我的第一个取向——尝试去发现隐藏在表面上的无秩序背后的一种秩序。然而,同样也是机缘巧合而绝无任何预设目的,当我着手研究亲属体系与婚姻规则之后,我注意力的焦点便转移到了神话学,但是我的问题丝毫没有改变。神话故事是(或说看起来像是)任意杜撰的、无意义的、荒诞不经的,照理说,发生在某个地方的一个"幻想的"心智创作,应当是独一无二的,你应该不会在完全不同的地方发现一模一样的创作,然而,实际上它们却似乎在世界各地一再出现。因此,我不过就是意图尝试去廓清"在这种显然的无秩序的背后,究竟是否存在着某种秩序?"这个问题而已,我也并未宣称这样的尝试一定会导出某种结论。

我认为"没有秩序的意义"是绝对无法想象的。在语义学里有件很诡异的事情,那就是:"意义"(meaning)这个词很可能是整套语言里面,意义最难以寻获的一个词。"意思是"(to mean)究竟是什么意思?我觉得我们可以给的唯一答案,似乎是:"意思是"代表一种能把任何资料翻译成另外一种语言的能力。所谓翻译成另外一种语言,我并不是指法文或德文而言,而是在不同层次上用别的文字重新说出来。毕竟,我们期望字典所能给予我们的,不过就是这样的翻译——以另外一些字来说明某个字的意思,而那些用在稍微不同层面的其他的字,就是你想要了解的那个字或表达方式的同源衍生字(isomorphic)。现在,回过头来讲,如果没有规则的话,翻译会变成什么模样呢?它将会变得绝对无法理解,因为你不能用其他的字来取代任何一个字,也不能用其他的句子来取代任何一个句子,所以你必须要有翻译的规则。讲"规则"和讲"意义",说的其实是同一回事;而且,如果我们考察一下人类所有的、在世界上任何地方有留下记录的知识活动,就会发现其共通点,总是离不开引介某种形式的秩序。假若这个事实表明了人类心智之中存有着一种对于秩序的基本需求,而且,既然人类心智毕竟是宇宙的一个部分,那么,这种需求的存在,就可能是因为这个宇宙之中存在着某种秩序,而且这个宇宙并不是一团混沌。

我在此一直想要表明的是:在"科学的思维"与我一向称之为"具体事物的逻辑"(the logic of the concrete)——也就是对于感官所得之资料(相对立于意象

和符号等等之类的东西）的尊重与运用——之间，曾经有过一次决裂，一次必要的决裂，而我们目前正见证着这场决裂可能终将被克服或扭转的时刻，因为现代科学似乎已经能够不只循着其本身一贯的路线前进——虽是不断向前推进，但却局限于相同的一条狭隘的路径上——而且同时还能拓宽其进路，将许许多多以往存而不论的问题重新包容进来。

从这一点来看，我恐怕难逃被扣上"科学主义者"的帽子，或是受到"相信科学能够彻底解决一切问题的科学盲信者"之类的批判。没错，我当然不相信那些，因为我根本无法想象科学会有完美无缺、大功告成的一天。我认为永远都会有新的问题产生，而且刚好就和科学能够解决问题——那些在十多年前或一个世纪以前还被认定为哲学问题——的步伐一样快，所以，届时必将有自古至今从来不曾被想到过的新问题出现。更有甚者，在科学所能给予我们的答案和这个答案所引出的新问题之间，还总是横亘着一条鸿沟。所以我不是那种意义上的"科学主义者"。科学永远不能给我们所有的答案,我们所能尽力去做的,就是非常缓慢地增进我们所能给出的答案的数量和品质,而要达到此一目标,我认为舍科学之外别无他途。

第二章 "原始的"思维与"文明的"心智

对于我们通常误称为"原始的"民族的思维方式（我认为应该称他们为"没有文字的"民族，因为这是他们与我们之间真正的分歧之处），曾经有两种不同的诠释途径。依我看，这两种诠释都是错误的。第一种看法认为：这种思维多少具有比较粗糙的性质，若要在当代人类学中寻找持这种立场的范例，人们就会不假思索地想到马林诺夫斯基（Malinowski）的作品。在此我必须要先声明：我对他怀着最崇高的敬意，并认为他是一位非常伟大的人类学家，我也绝无分毫诋毁他的贡献的意思。尽管如此，我还是不能不说，读马林诺夫斯基的感觉是：他所研究的民族的思维，以及总的来说，一切被当成人类学研究对象的没有文字的民族的思维，过去——或者说现在——完全是受生活的基本需求所决定的。准此以观,如果你认识到某一个民族,不管他们是哪一个民族,是被寻找口粮、满足性冲动等赤裸裸的生活所需决定的,那么你就可以解释他们的社会制度、信仰、神话等等。这种在人类学界广为流传的观念,一般名之曰功能论。

另一种看法并不那么强烈地认为他们所拥有的是一种较次等的思维,而是一种根本上完全相左的思维形式,列维-布留尔(Lévy-Bruhl)的作品就体现了这种看法。他认为,"原始的"思维(我一向把"原始的"[primitive]这个词加上引号)与现代的思维之间的根本歧异,在于前者完全受情绪与神秘的表象所支配。一方是马林诺夫斯基所抱持的一种现实功利的概念,另一方则主张一种情绪性的或情感性的概念;而我所强调的是没有文字的民族的思维,事实上一方面是——或者说在许多场合中可能是——无关乎利害的(这是我与马林诺夫斯基的不同之处),另一方面,也是思辨性的(这点上我又与列维-布留尔的意见相左)。

举例来说,在《图腾制度》(Totemism)及《野性的思维》(The Savage Mind) 两书中,我想要揭示的是:我们通常认为是完全臣服于免于饥饿的需求、仅能求得在非常恶劣的物质条件下苟延残喘的这些民族,其实完全有能力进行与利害无涉的思考;也就是说,他们的确为一种了解他们所身处的世界、这个世界的本质以及他们的社会的需求或欲望所鼓动。另一方面,为了达成上述目的,他们会以思辨的方法来推进,完全无异于一个哲学家,甚至在相当程度上近似于一个科学家所能够做而且会做的。

这就是我的基本假说。

现在我要击碎一种误解:说某种思维方式是无关乎切身利害的,而且是一种思辨性的思维方法,绝不表示它就等同于科学的思维。当然,一方面它终究与科学的思维不同,另一方面它终究逊于科学的思维。它的不同,在于它的目的是要以尽可能简便的手段来达致对整个宇宙的总括性的理解——不只是总括性的(general),更是一种整全的(total)理解。也就是说,它是一种必然意味着"如果你不了解一切,就不能解释任何东西"的思维方式,这与科学的思维是彻底相抵触的。科学是一步一步前进的,先尝试对极其有限的现象提出解释,再扩展到其他种类的现象等等,正如笛卡尔的名言:科学思维的鹄的,在于依照解决某个难题之必要,将整个难题切割成许多可能——解决的小部分。

所以,野蛮的心智的这种"一举而穷宇宙万理"的野心,迥然不同于科学思维的程序。两者之间的最大差别,当然是在于这种野心没能成功。运用科学的思维,使我们能够成功地驾驭自然——这个事实已经足够明确,毋需赘言,而神话却无法给人更多物质性的力量以克服环境。不过,极其重要的一点是:神话给人一种"他有可能了解宇宙万物"以及"他的确了解宇宙万物"的幻觉。当然,这只是一种幻觉。

话虽如此,我们却应该注意到:身为科学的思维者的我们,只用到了我们的精神力量中非常有限的一部分。我们所运用到的部分,仅足以应付我们的行业、商务,或者于某一特定时刻身涉其间的特殊情境的需求而已。所以,倘若某人花了二十年或更长的时间浸淫于神话或亲属体系的运作方式之中，他就用到了他精神力量中与这些事物有关的部分。但是，我们不能要求所有的人都对完全相同的事物感兴趣，所以，我们每个人都使用了我们精神力量中的一定部分，以济生活之所需，或投注于兴趣之所向。

如今我们比较少运用到精神力量，但我们所运用到的精神力量的范围却比以前要大；而且这些精神力量的性质也与过去不同。举例来说，我们运用感官知觉的程度就减少了非常多。当我在写《神话学》(*My-thologiques*)（一种神话科学的导论[Introduction to A Science of Mythology]）的第一版时，我碰上了一个令我觉得极为神秘的问题：有某个部族似乎能够在大白天看见水星，我觉得这是绝对不可能且难以置信的。我拿这个问题请教天文学家，他们告诉我：我们当然看不到，但是话说回来，如果我们知道水星在大白天时所发出的亮度，那么，某些人能够看得到，并不是绝对无法想象的事。后来，我查阅属于我们自己的文明的古代关于航海的条约，结果发现：古代的水手似乎完全可以在大白天看见星星，如果我们的双眼受过训练，也许我们还是可以做到的。

我们关于植物或动物的知识也是一样，没有文字的民族对于动植物的环境和它们所有的来源都拥有神奇般精确的知识，我们则已失去了这一切。但是，我们并没有平白丢掉，换来的是：比如说，我们现在能够驾驶汽车而没有随时被撞之虞，或者在晚上打开我们的电视或收音机。这些都意味着某种"原始"民族所没有的心智能力的训练，因为他们并不需要这些。我觉得，以他们所拥有的潜力，他们的确可以改变他们的心智的性质，可是对他们的生活方式以及他们与自然界的关系来说，这样的改变并无必要。你不可能一下子就把人类所有的精神力量都发展起来，你只能用其中的一小部分，而这个部分视文化的不同而有所不同，仅此而已。

尽管各个人类群落彼此之间有很多文化上的歧异，但是一切人类的心智都是一模一样的，也都具有同等的能力，这可能是人类学研究的诸多定论之一，我想也已经是世人所普遍接受的命题。

我不认为各民族的文化曾经系统性地或按部就班地努力将自己与其他的文化分同别异。事实是:在之前的数十万年间,地球上的人类数量一直不多;许多小群落在彼此隔绝中独自过活,所以他们自然而然地个别发展出本身的特色而变得各不相同。这绝不是有意造成的,纯粹是长时间的环境条件所造成的结果。

在这里,我希望你不要认为这样的情况本身是有害的,或者这些差异应该要被破除。事实上,差异是充满生机的,唯有通过差异,才能有所进步。当前真正威胁我们的,可能是我们可称之为过度交流(over-communication)的趋势——站在世界的某一点上,却可以精确地知道全世界各地的现况的趋势。一个文化若要能活出真正的自我并创生出一些东西,这个文化和它的成员必须坚信自身的原创性,甚至在一定的程度上,相信自己优于其他的人类;只有在低度交流(under-communication)的条件下,它才能创造出一点东西。我们现在正受着一种可预见的情势的威胁:我们变得只是一群消费者,能够消费全世界任何地点、任何一个文化所生产出来的任何东西,而失去了一切的原创性。

如今,我们可以很容易地想象:将会有那么一天,整个地球表面上只有一种文化与一种文明。但我不相信这样的情况会发生,因为总是有相互矛盾的趋势在发挥作用——此方趋向同质化,而彼方则趋向新的分殊。一个文明愈趋向同质化,其自身内部的差异就变得愈清晰;在一个层面上所得到的,旋即便在另一个层面上失去。这是我个人私下的感受,我并没有清楚的依据能证明这种辩证的运作,但我真的看不出来人类有可能在没有内部分歧的状态下生活。

现在让我们来看来自加拿大西部的一则关于虹鱼试图驾驭或支配南风并终于成功的神话。这是一个早在人类出现在大地上以前,也就是说,在人类与动物还未真正分家以前就发生了的故事。当时,一切的生物都是半人半兽,并且都深为暴风所苦,因为暴风,特别是恶风,无时无刻不在刮着,使他们不能抓鱼或者到海边捡贝壳。于是,他们决定必须要与暴风对抗,迫使他们安分一点。于是，几个人似的动物和几个动物似的人组成了一个义勇队，虹鱼也是其中一员，并在逮获南风的过程中立下了大功。南风做了如下的保证："此后不再一直吹个不停，只偶尔吹吹，或者集中在一段固定的时间吹。"之后，大伙才把他给放了。从此以后，只有在每年之中一段固定的时期，或者每两天之中的一天，才会刮起南风；人类可以在其他的时间完成他们的工作。

这个故事当然不曾发生过，但我们必须要做的，不是按下"这是彻底的胡说八道"，或者"这只是一个处于某种妄想状态中的心智所编造的幻觉"之类肤浅的评断来自我满足就够了，我们必须要认真地看待它，并且问自己：为什么挑上虹鱼？又为什么是南风？

当你非常细心、一字不漏地阅读神话材料时，你会发现虹鱼的行止系紧密地扣合于其特征，这个特征包括两方面。第一，它与所有的扁型鱼一样，都有着平滑的腹部和粗糙的背部。第二，使虹鱼能在不得不与其他动物对抗时非常成功地脱逃的关键：从上面或下面来看,虹鱼的体型都非常巨大,但从侧面来看却只是薄薄的一片。它的敌手可能会认为:因为它是如此巨大,所以用弓箭射死一只虹鱼应是易如反掌的;然而,一旦用箭瞄准它的时候,虹鱼能够倏然转身或闪躲,只露出它的侧面——这一来当然就极难瞄准——随即逃逸无踪。所以,挑上虹鱼的理由是:不管从哪个观点来考虑,它都是一种只能给出(姑且用控制论[cybernetics]的词汇来讲)"是"或"否"这样简单明了的答案的动物,它能够表现两种截然不相连续的状态:一个肯定,一个否定。将虹鱼放在这个神话里面的作用,就好像是现在的电脑里的组件(尽管我当然也不想把譬喻扯得太远,但还是只能这么说),通过堆叠出一系列"是"或"否"这样简明的答案,它就能解决极困难的问题。

尽管从经验的观点来看,"一条虹鱼能够对抗风"显然是错误的、不可能的;但从逻辑的观点来看,我们却能够理解,为何从经验之中移借过来的意象可以这样运用。这就是神话思维的原创性,它实际上扮演了概念性思维的角色。一种动物如果具有我名之曰"二元切转器"（binary operator）的特性，从逻辑的观点来看，就可以跟一个二元性的问题有所关联。如果南风一年到头吹个不停，人类就没办法生活下去，但是如果它在每两天里只刮一天——一天"是"、一天"否"等等，那么，在人类的需求与自然界的普遍状态条件之间，就可能达到一种妥协。

因此，从逻辑的观点来看，在虹鱼这样的动物与这个神话所意图解决的问题之间，有着某种亲近性。从科学的观点来看，这个故事不是真的，但是，直到控制学与电脑已经在科学的世界里存在，并给予我们一种对于二元切转操作（binary operation）的理解之后，我们方能了解这则神话的寓意，然而，神话的思维却早已借由具体的事物，以极为不同的方式运用了这个意念。所以，在神话学与科学之间并没有真正的决裂，只不过科学思维目前的进展状态，才给了我们理解这则神话之寓意的能力，在我们熟悉二元切转操作的观念以前，对于这则神话，我们只能应之以一片茫然。

接下来要说的是：我不希望你们认为我正在把科学的解释与神话学的解释拉到同样的立足点上。我所想说的是：科学的解释之伟大与优越，不仅体现于科学在实践上与知识上的成就，还在于我们将会得到愈来愈多见证的这项事实——科学正在变得不仅能解释它自身的有效性，还能解释存在于神话思维中，具有一定程度的真确性的事物。重点在于：我们对于质的层面，正产生日益浓厚的兴趣，而在 17 到 18 世纪期间纯粹只有量的视野的科学，也已经开始将真实（reality）的质的层面整合进来，这无疑将帮助我们理解许多表现于神话思维中，而在过去常被我们斥为荒谬无稽的东西。同时，这个趋势将引导我们去相信：在生命与思维之间，其实并不像 17 世纪哲学的二元论所认为的那样，理所当然存在着一条绝对无法跨越的鸿沟。如果我们被引致这样的信念——"在我们心智中所发生的事，与基本的生命现象本身，并无实质性的或根本性的不同"，如果我们再进一步被引致"在其他所有生物（不只是动物,还包括植物)与人类之间,并没有不能克服的鸿沟"这样的体会的话,我们也许就会参悟到远超过我们所能臆想得到的更丰富的智慧。

第三章　兔唇与双胞胎
——一宗分裂的神话

这章的开场白,是一位西班牙传教士阿里阿嘉(P. J. de Arriaga)神父于 16 世纪末在秘鲁所记录的一段令人费解的观察,这段材料刊载在他的《根绝秘鲁的偶像崇拜》(*Extirpacion de la Idolatria del Peru*)(Lima,1621)一书中。他提到:当时秘鲁某个地方的神职人员在某个特别酷寒的时节,将当地居民中凡是出生时是脚先出娘胎的、兔唇的,还有双胞胎的,统统都叫过来,指控他们是造成严寒的罪魁祸首,据说他们被迫吃下了盐和胡椒,又被迫悔过和招认其罪孽。

好,接下来讲,双胞胎与节气失序有关联的想法,在全世界各地都非常普遍地为人所接受,包括加拿大在内。可是众所周知,在英属哥伦比亚的海岸地带的印第安人之中，双胞胎却被赋予了带来好天气、驱走暴风雨等等之类的特异功能，不过，这不在我所想要考虑的问题之内。让我感到惊讶的是，所有的神话学家——例如曾经几次引述阿里阿嘉的作品的詹姆士·弗雷泽爵士（Sir James Frazer）——都不曾问过这个问题："为什么有兔唇的人和双胞胎会被认为在某方面是相同的？"我认为问题的症结似乎在于找出：为什么是兔唇？为什么是双胞胎？又为什么将兔唇和双胞胎凑在一块儿？

正如有些时候会发生的状况一样，为了解决这个问题，我们必须从南美洲跳到北美洲，因为一则北美洲的神话将会给予我们解开一则南美洲神话的线索。许多人曾抨击我的这种做法，他们认为某族群的神话只能在该族群本身的文化框架内来诠释、理解。借着回应这类反对意见之便，我想说明几点看法。

首先，在哥伦布到达之前的美洲人口数量远远多于我们以往的猜测，我认为这一事实是相当明确的，近年来所谓的伯克利学派（Berkeley school）也证实了这一点。既然其人口如此众多，显然这些众多的人口会有相当程度的相互接触，而信仰、习惯和风俗，容我大胆地说，一定会广为流布。任何一群人都会对邻近的群体所发生的状况有相当程度的了解。其次，就眼前我们所考虑的这个案例来说，这些神话并不是分别在秘鲁和加拿大相互隔绝地存在，相反地，在这两地之间，我们一再地发现有相同的神话存在。它们事实上是泛美洲的神话，而不是疏隔零散地分布在这个大陆上不同地区的神话。

好，言归正传。在图皮纳姆巴（Tupinambas）族（在欧洲人发现新大陆时早已世居于巴西滨海地区的印第安人）以及秘鲁的印第安人之中，都有这样一则神话：一个很猥琐的男人用一种邪恶的手法成功地诱骗了一个女人。这则神话最广为人知的版本，是由法国僧侣安德烈·塞维特（André Thevet）于 16 世纪所做的记录，该版本说道：这个被诱骗失身的女人生下了双胞胎，其中的一胎得之于她合法的丈夫，另一胎则来自那个计诱她的骗子。这个女人原本是要去拜见将会成为她的丈夫的一个神,当她走在半路上,那名骗子出来纠缠,使她误信他就是那尊神;于是,她就怀了那骗子的孩子。后来她发现了她合法的未婚夫,她就又怀了他的孩子,结果生下了双胞胎。由于这对假的双胞胎其实来自不同的父亲,他们有着正好相反的特征:一个是英勇的,另一个则是怯懦的;一个是印第安人的保卫者,另一个则是白人的狗腿子;一个给印第安人带来好处,相反地,另一个则带来了一大堆不幸的事件。

在北美洲,我们碰巧可以发现一模一样的神话,特别是在美国与加拿大的西北隅。然而,与南美洲的版本相比对,来自加拿大地区的说法显现出了两点重要的差异。例如居住于洛矶山脉的库特尼(Kootenay)族,以生下双胞胎为结局的故事只有一则,后来这对双胞胎中一个成为太阳,另一个成为月亮。此外,一些居住于英属哥伦比亚的赛里(Salish)语系印第安人,例如汤普森印第安人(Thompson Indians)和欧卡那冈(Oka-nagan)族,则传说一对姊妹被显然不同的两人所分别诱骗,结果她们分别生下了一个孩子;这两个孩子不是真的双胞胎，因为他们并非一母所生，但既然他们是在一模一样的环境下出生的，至少就道德上和心理上的观点来看，他们在相当程度上近似于双胞胎。

从我努力想要表明的观点来看，这几个版本是比较重要的。赛里语系的版本削弱了男主角的双生子性格，因为这对"双胞胎"不是亲兄弟——他们是表兄弟，只不过他们出生的环境极为相近——都是生于一场拐骗。尽管如此，其根本的意含却仍然完全相同，因为在所有的版本中，这两位男主角都不是真正的双胞胎；他们都是由截然不同的父亲所生，即便在南美洲的版本中亦然，而且这两个父亲具有相反的性格，这项特征将会通过他们的举止及其后裔的行为表现出来。

因此，我们或许可以说：在所有的案例中，凡是被人说成是或者相信是双胞胎的小孩（如库特尼族的版本），后来都会有不同的遭遇，而这日后遭遇的不同——我姑且这么说——将会拆散他们的双胞胎关系。而且，将一开始被视为双胞胎（不论是真的双胞胎或近似于双胞胎）的两人析离为两个个体，是出自南美洲和北美洲的各种神话版本的基本性格。

在这则神话的赛里语系版本中,有一个令人十分好奇而且重要的细节。你可记得:在这个版本中没有任何双胞胎存在,因为是两个姊妹分别出外去寻找自己的丈夫。先是一位老祖母告诉她们可以凭借如何如何的特征认出各自的丈夫,然后她们分别被半路上遇见的骗子蒙骗,而相信那登徒子就是自己应以身相许的良人。她们与骗徒春宵一度之后,分别产下一男。

在骗徒的小茅棚里度过了不幸的失身之夜后,姊姊丢下了妹妹去见她的老祖母——她是一头山羊,也是某种魔法师;因为她预知了她孙女的到来,并差遣野兔到路上欢迎她。野兔躲在断落在路当中的一根木头底下,正当那女孩抬起腿要跨过木头的时候,这只野兔便看见了她的私处,还开了一个很不适当的玩笑。这女孩极为光火,抄起手中的棒子就打,结果把野兔的鼻子给打裂成两半,这就是至今所有野兔家族的动物的鼻子与上唇都裂成两半的原因。而具有这种特征的人类被称为"兔唇",正是导源于兔类动物这种构造上的特征。换句话说，那个姊姊开始打裂动物的肢体，如果这个打裂的行动，不是在打裂了鼻子之后就停止，而是继续下去，扩延到全身和尾巴的话，她将会把一个个体变成双胞胎，也就是说，两个极为相似或相同的个体，因为他们均为整体的一部分。从这个角度来看，去发掘全美洲的印第安人心目中关于双胞胎之起源的观念，就成为非常重要的事。而我们发现美洲印第安人普遍相信：双胞胎是母体内会逐渐凝固而变成小孩的液体的一种内在分裂的结果。举例来说，一些北美洲的印第安人禁止孕妇在躺着睡觉时很快地翻身，因为若是如此，她体内的液体就会分成两半，就会生出双胞胎来。

在此还须提及一个温哥华岛上的瓜求图(Kwakiu-tl)印第安人的神话。这个神话说的是一个小女孩，因为她生了兔唇，所以每个人都讨厌她。后来，出现了一个欧格雷斯(ogress)——超自然的吃人女妖——拐跑了所有的孩子，包括那个兔唇的小女孩。女妖把孩子们通通装进她的篮子里，好带回家去吃，那个兔唇的小女孩是第一个被装进篮子里的,当然也就被压在最底下。结果,小女孩成功地用一个她在海滩上拾的贝壳割破了篮子。因为篮子是被背在欧格雷斯的背上,于是这女孩才得以第一个挣脱逃跑。她是先用脚挣脱的。

这个兔唇的小女孩的姿势,与我之前提到的那个神话中的野兔的姿势,是相当平行的:当它躲在横阻于女主角所经路上的木头底下时,它蜷伏在女主角底下,它与她的这种相对姿势,看起来就像它是她所生出来的,而且是脚先出娘胎的姿势。因此,在这一切的神话之中,我们都可以看到一种固定的关系,将“双胞胎”与“分娩时脚先出娘胎”或其他相同的姿势(从隐喻的角度来讲)联结在一起。这样,就明白地廓清了我们在一开头所讲的阿里阿嘉神父的秘鲁经验之中,双胞胎、出生时脚先出娘胎的人,以及兔唇的人这三者之间的联结关系。

“兔唇被认为是一种双胞胎的原初形态”这一事实,可以协助我们解决一个相当根本的问题,这个问题对于专门研究加拿大的人类学家尤为重要:欧吉布瓦印第安人(Ojibwa Indians)和其他属于奥贡克语系(Algonkian-speaking family)的群体,为什么选择野兔作为他们所信奉的最高神祇?历来已经有人提过几种解释:野兔在他们的食品之中,若不说是核心,至少也是一个重要的部分,野兔跑得飞快,这是印第安人应有的德性之中的一个范例,等等,但没有一个是足够令人信服的。但是,倘若我之前的诠释正确的话,那么这样讲似乎要可信得多:一、在整个啮齿类动物的家族中,野兔是体型比较大、比较引人注目,也比较重要的,所以它可以被举为啮齿类动物的代表;二、所有的啮齿类动物都表现出一种使它们被当成双胞胎原初形态的肢体特征,因为它们的身体都有部分是裂开的。

在神话中,每当母亲的子宫里有一对双胞胎或甚至更多小孩的时候,通常都会随之产生非常严重的后果,因为即使是只有两个,孩子们还是会为了搞清楚谁将享有第一个出世的尊荣而开始打闹不休。而且,其中一个比较坏的免不了想抄捷径(姑且这么说)以求早一点出世;结果,他不遵循自然的途径,扯开母亲的身体就跑了出来。

　　我想,这是关于"脚先出娘胎"为什么被等同于双胞胎的一个解释,因为在双胞胎的案例里,其中一个孩子的急躁,将使他毁掉母亲,以求能成为先出世者。双胞胎与胎位颠倒(脚下头上)都预示了难产,或者我甚至可以称之为英雄的出世,因为这孩子将夺得主动地位并成为某种英雄——在部分案例中是杀人的英雄;但是他打完了一场非常重要的胜仗。这就可以解释为何某些部落要将双胞胎和脚先出娘胎的孩子杀掉。

　　真正的重点是:在所有的美洲神话中,甚至可以说在全世界的神话中,我们都可以见到神祇和超自然的人物,扮演着上界的权力与下界的人类之间的中介角色。他们可以用诸多不同的方式出现:例如像一位弥赛亚(救世主)之类的角色,或是天界的双胞胎。此外,我们可以看到:在奥贡克的神话中,野兔的地位正好处于弥赛亚———一位独一无二的中介者——与天界的双胞胎之间。它不是双胞胎,但它是始初形态的双胞胎。

它还是一个完整的个体,但它有兔唇,它处于变成双胞胎过程的半途。

这可以解释:在这则神话中,身为神祇的野兔,为什么有着让评论家和人类学家伤透脑筋的暧昧难明的性格。它有时候是一位非常聪明的神祇,负责维系整个宇宙的秩序,有时候却是滑稽的丑角,蠢事接连不断。同时,如果我们将奥贡克印第安人挑选野兔的因素解释为:野兔是一个介乎两种状态之间——(a)一位造福人类的单一神祇和(b)双胞胎,前者是好的,后者是坏的——的个体,我们也就能最适切地理解它的性格。因为兔子尚未完全分离成两个,还没有成为双胞胎,所以两种相反的性格就可能仍旧纠结在同一个人的身上。

第四章 当神话变成了历史

这个题目对神话学家提出了两个问题。一个是非常重要的理论性问题。当我们审视南、北美洲以及世界上其他地区已经出版的神话材料时，会发现这些神话的材料有两种截然不同的体裁。有时候，人类学家所搜集的神话——且容我这么说——看起来实在颇像是一堆断简残编；片断失联的故事被一个接一个地摆在一起，其间没有任何清楚的关系。又有些时候，好比说在哥伦比亚的佛沛斯（Vaupés）地区，我们却能得到非常首尾一贯的神话故事，整个故事以相当合乎逻辑的秩序被分成一个接一个的章节。

于是我们就产生了这样的问题："汇编"（collection）究竟是什么意思？它可以指涉两种不同的东西。比如说，它可以表示首尾一贯的秩序，如某种传奇小说,才是神话故事的始初状态。所以每当我们发现如断离的零件似的神话时,它必是衰败与解体过程的结果;我们只能找到以前的那个有意义的整体之破碎的残片。或者,我们可以假定不连贯的状态才是神话古始的原型,后来才被土著的智者与哲人编纂成帙,而这样的智者与哲人并非处处存在,只有某些特定形态的社会才能产生。举例言之,我们基督教的《圣经》就有着完全一样的问题,因为其原始材料是不相连贯的物件,似乎是后来才由有学问的哲人将之连缀起来,成为一个连贯的故事。在人类学家所研究的无文字的民族之中的状况,究竟与基督教《圣经》的状况相同,还是截然相异?廓清这个问题是极为重要的。

第二个问题比较实际,但仍然是理论性的问题。在以往,就说 19 世纪晚期和 20 世纪初吧,绝大部分神话学的材料是人类学家所搜集的,也就是由外来者所搜集的。当然,其中有许多案例,特别是在加拿大,他们都有当地人作为其合作伙伴。举例言之,且让我援引法兰兹·鲍亚士(Franz Boas)的例子:他有一位瓜求图(Kwakiutl)族的助理乔治·杭特(George Hunt)(事实上,他并不是瓜求图族人,他的父亲是苏格兰人,母亲是特林吉特[Tlingit]族人,但杭特是在瓜求图族中被教养成人、结婚,并且完全认同了这个文化)。而在金襄(Tsimshian)族方面,鲍亚士得到一位识字的金襄族人亨利·泰特(Henry Tate)之助,而马琉斯·巴比奥(Marius Barbeau)也得到了一位识字的金襄族人威廉·班勇(William Benyon)之助。所以打从一开始,获得土著的合作就已是确定的事实,然而话虽如此,杭特、泰特和班勇毕竟都还是在人类学家的指导之下做事,也就是说,他们自己本身变成了人类学家。他们当然知道最好的传奇故事、他们本身氏族和宗族的传说,但他们免不了也有兴趣搜集来自其他家族、氏族之类的资料。

当我们审视卷帙浩繁的印第安神话,例如鲍亚士与泰特合著的《金襄神话学》(*Tsimshian Mythology*),或者由杭特所搜集,鲍亚士编纂、出版与翻译的瓜求图文献,我们就会发现其资料的组织方式多多少少是相同的。好比说，一开头先是关于宇宙论与天地创造论的神话，然后经过千回百转，最后摆上传奇故事与家族史之类的东西。而这样的组织是由人类学家所引荐的。

这项由人类学家所开启的工作，于不经意之间，如今已经由印第安人自己为了不同的目标而担负了起来，例如为了让印第安的孩子们可以在小学里学到自己民族的语言与神话，据我了解这是当前的一项重要的工作。另外一项目标，则是以传统神话故事为依据，去向白种人争取政治和领土等权益。

所以，廓清下列这两个问题是至关重要的：由外界搜集来的传说与由内部搜集的传说（尽管它看上去像是从外界搜集来的）两者之间是否有差别？倘若确有差别，其差别究竟为何？我必须要说加拿大在这方面是很幸运的，因为关于其本身的神话与传奇故事的书籍，都已经由印第安人自己的专业人士组织出版了。这项工作开始甚早，有一本波林·约翰逊（Pauline Johnson）所著的《温哥华传奇》（*Legends of Vancouver*），于第一次世界大战前便已发行。后来又有了马琉斯·巴比奥的几本书，当然，他不是印第安人，但是他确实尽了力搜集历史和准历史的材料，并努力将自己变成他的印第安报导人的发言人；可以说，他提出了关于那些神话的一套自己的版本。

更有趣的且有趣得多的，是像 1962 年出版于齐蒂马（Kitimat）的《美帝克人》（*Men of Medeek*）这样的书，这本书据信是依据一位统辖史基纳（Skeena）河流域中部的金襄族酋长，华尔特·芮特酋长（Chief Walter Wright）的口述逐字记录而成，但是是由一位称不上专业的白人田野工作者所搜集的。而更为重要的一本，则是由肯尼迪·哈里斯酋长（Chief Kenneth Harris）所作并于 1974 年自费出版的近著。哈里斯也是一位金襄族酋长。

如此，我们可以凭借这些材料来做一种实验：把人类学家所搜集的材料拿来与直接由印第安人自行搜集出版的材料做一番比较。其实我不应该说"搜集"，因为上述两本书并不是把几个家族、几个氏族、几个宗族的传说收在一起，再一个个摆开来，而只是由其后裔所出版的一个家族或一个氏族的历史。

问题是:神话终止于何处? 而历史又从何处开始? 一个我们全然陌生的案例,一段没有文献可征的过去,当然更没有文字记录,只有口耳相传的传说,却同样也被宣称为历史。现在,如果我们比较这两种历史:一份是得自史基纳河流域中部的芮特酋长,另一份则是由出身史基纳河上游的黑索墩(Hazelton)地区的家族的哈里斯酋长写作并出版的,我们会发现相似处,也会发现不同处。在芮特酋长的作品中,我们可看到我名之曰"一场离乱的创生史"(the genesis of a disorder)的情节。其整个故事的目标在于解释:为何从他们最早的源起之后,某个氏族或宗族或一群宗族,尽管克服了许许多多严酷的考验,历经了成功的时期,也熬过了失败的时期,最终却一步步地走向灾难性的结局。它是一个悲凉至极的故事,十足是一篇民族衰亡史。而哈里斯酋长的著作,却有着迥然相异的气象,因为这本书的主轴是锁定在解释一组社会秩序的起源,这组社会秩序不仅存在于历史时期,而且至今仍然深植在那些名号、头衔与特权之中，某个在其氏族与家族中位居显要的人，仍旧可以依据继承法则而将那些名号、头衔与特权攥在手中。因此，这本书好像将一系列贯时性的事件锁链在一起，同时投影在现在的荧光幕上，以求一片一片地重建起一组同时性的秩序，而这组秩序的存在，则可由某个特定个人所拥有的众多名号与特权而得到证实。

这两则故事、两本书都一样地引人入胜，而且是不折不扣的巨著。但对人类学家而言，它们的主旨是要展现一种历史的特征，而这种历史却与我们自己的历史截然不同。我们所写的历史实际上完全归本于文字记录，然而，这两份历史却显然没有或者仅有极少的文字记录可供参考。现在，当我尝试去比较这两者时，让我惊异不止的是：两本书的一开头，都是先讲述在神话时期或者历史时期（我不知道哪一个说法才对，或许考古学将会解决这个谜）的史基纳河上游，接近今日的黑索墩地区，有一个名叫天喇罕（Tenlaham，依巴比奥的音译）的大城镇，再讲述这个城镇中发生的种种。两本书所讲的这段故事,实际上是一模一样的:这个城市被毁,剩下的活口弃城逃亡,沿着史基纳河展开了一段艰苦的旅程。

这当然可能是一个真实的历史事件,但若我们仔细看它述说的方式,就会看出:其事件在大体上是相同的,但细节之处则不然。举例言之,依照其中一个版本的说法:一开始的时候,由于一起通奸事件而引发了两个村落或是两个城镇之间的打斗;但是,这故事可能是一个丈夫杀了他妻子的奸夫,或者是妻子的兄弟杀了奸夫,或者是丈夫因为侦知奸情而杀了妻子。所以,你看,我们这就有了一个解释的细胞(explanatory cell)。它的基本结构始终如一,但是细胞里头的内容就不同,是可以变化的;所以,若容许我这么讲的话,我称它为一种迷你的神话,因为它非常短,非常浓缩,但还是具有一则神话的属性,容许我们观察它的各种变形——当一个成分被改变了,其他的成分就得要相应地重整。这是这些氏族的故事引起我兴趣的第一个方面。

第二个方面是:这两份历史都具有高度的重复性;

同一形式的事件可以被拿来用好几次,以述说不同的事态。例如,有一件令人惊讶的事情是:对照芮特酋长所说的某个特定传奇中的一些故事,以及哈里斯酋长所说的另一则传奇中的一些故事,我们却发现了同样的事态,但它们并非发生在同一个地点,也未影响到同一个人,而且,看起来极像是发生在不同的历史时期。

经由阅读这两本书,我们发现的是:我们所习于塑造的所谓"神话"与"历史"之间的简单对立,绝非一种泾渭分明的状态,两者之间其实还存在着一个中介的层次。神话是静态的,我们可以发现同样的神话元素一而再、再而三地混合,但它们都还是在一个闭锁的系统里面。这么说吧:它与历史构成了互异的对比,因为历史理所当然地是一个开放的系统。

由于神话的细胞(mythical cell)或原本具神话性的解释细胞可以有无限多的组合和重组的方式,于是乎确保了历史的开放性格。它昭示我们:尽管使用的是同样的材料——因为它是所有群落、氏族或宗族所共有的某种遗产——还是可以成功地为每一个群落、氏族或宗族分别建构起一套套独具创意的描述。

过去的人类学叙事的误导之处在于:将原本属于许多不同的社会群体的传说和信仰,东拉西扯地凑成一种大杂烩。这使我们忽视了材料的一项基本性格——某种形式的故事,必专属于某个特定的群体、家族、宗族或氏族,并且是这些特定的群体、家族、宗族或氏族用以尽力解释其命运(不论是成功还是败亡),或是意图用以为其现今所拥有的权利与特权之论据,或尝试用以支持其索还失去多年之权利的诉求。

当我们尝试去做科学性的历史时,我们真的是在做什么科学的东西吗?或者,在我们迈入想将之做成纯历史的领域里时,是否也还留了一只脚跨在自己的神话上头呢?设想在南美洲和北美洲的某个人,实则是在世界上任何地方的每一个人,此人基于权利与继承而拥有一种关于他的团体的神话或传奇故事的特定说法,当他听见来自另一个家族、氏族或宗族的某人所提出的一种不同的说法时,这个说法相当程度上与其原本所知的说法相近,但另一方面却又迥不相侔时,他将以何种方式反应？这会是个非常有趣的观察。现在,我们会这样想:两种不一样的说法不可能同时为真,但是,话虽如此,在某些案例中,似乎真的不得不接受两者都为真,我们所能做的唯一分别,只是认定其中一个说法比较好或比较精确罢了。至于另外一些案例,两种说法可能会被认为一样有效,因为两者之间的差别无法用上述的那种角度来把握。

当我们在日常生活中面对不同的历史学家所写的不同的历史叙事时,其实正处于完全相同的情境里,只是我们丝毫没有意识到这一事实。我们只注意到基本上类似的东西,而忽略掉由于历史学家雕塑及诠释资料的方式不完全相同所导致的差异。所以,如果你阅读有着不同知识传承、不同政治历练的两位历史学家所写的两份叙事,不论其内容是关于美国革命、加拿大的英法战争,还是法国大革命,看见他们告诉我们的不是完全一样的东西,我们也不会感到多么惊讶。

因此,我的感受是:面对当代印第安作家尝试将他们的过去告诉我们而写成的这段历史(依这个字眼的一般意义），要细心地研读，不要认为这段历史是一篇幻想的呓语，而是尝试尽可能地仔细，辅以某种史前考古学之助——发掘在这段历史中提及的村落遗址——并尝试建立不同的叙事间的对照（既然这并非不可能做到之事），再尝试廓清哪些确实可以相互参照，哪些则互不符应。若果能如此，我们可能终究会对于"什么是真正的历史科学"做到一种更高境界的领会。

我决非不相信：在我们自己的社会中，历史已经取代了神话，并发挥着同样的功能。对于没有文字、没有史料的社会而言，神话的目的在于使未来尽可能地保持与过去和现在相同的样态（当然，百分之百的相同是不可能的），然而对于我们而言，未来与现在必定是不同的，而且变化的幅度日益扩大（当然，某些方面的不同要视我们的政治偏好而定）。尽管如此，如果我们在研究历史时，将它构想为神话的一种延续而非与神话完全分离的历史，那么，在我们心智之中萦回不去的"神话"与"历史"之间的鸿沟，还是有可能被冲破的。

第五章　神话与音乐

我在《生食和熟食》(*The Raw and the Cooked*)一书的开头以及《裸人》(*L'Homme nu*)一书的结尾所畅论的神话与音乐的关系,或许是招致最多误解的题目,特别是在英语世界,其实在法国亦然,因为这个关系被认为是相当牵强的。相反地,我的感觉却是:这两者不是只有一种关系,而是有两种不同的关系,一种是相似性,另一种是延续性;更有甚者,这两者事实上是同样的东西。但我并不是一时之间就了解到这些的,而是先发现了两者间相似性的关系,以下我将尽力地解释这个发现的过程。

就相似性的方面而论,我主要的论点是:正如一份乐谱一样,要将一则神话当成一个连续性的序列(continuous sequence)来理解是不可能的。这就是为什么我们应该明白,如果我们尝试像读一本小说或一篇报纸上的文章一样地去读一则神话,也就是一行接一行、从左到右地读,我们一定读不懂这则神话。因为我们必须将它当成一个整体来把握,并且发现这则神话的基本意涵,并不是透过事件的序列来传达的,而是透过一堆事件来传达的,即便这些事件在整个故事中出现于不同的时刻。因此,我们读神话,必须或多或少像我们读一份交响曲的总谱一样,不能一列一列地读,而必须掌握一整页,并且了解到:这页开头第一列的内容,唯有将它视作下面的第二列、第三列等的不可分割的一个组成部分时,它才具有意义。这也就是说,我们不只是要从左向右读,同时还得垂直地从头到尾读。我们必须了解每一页是一个整体,同时,唯有将神话当成一列列写成的一份交响曲总谱,我们才能将它当成一个整体来了解,才能从这则神话中抽绎出意义。

为什么会这样?又怎么会这样呢?我感觉第二个方面,也就是神话与音乐之间的延续性给了我们重要的线索。事实上,大约在文艺复兴时期与 17 世纪,神话思维退隐到西方思想的幕后的时候（我认为不能说是毁灭或消失），开始出现了第一本小说，而不再是依据神话的模式所编写的故事。就在同一个时期，我们见到了 17 世纪，以及更重要的 18、19 世纪所独具的伟大的音乐形式的出现。

音乐彻底地改变它的传统形貌，就好像是专为了要取代神话思维几乎在同一时期所让出的功能——知识上以及情感上的功能。既然我在这里谈音乐，我当然应该界定这个名词。取代了神话学传统功能的，并不是随便任何一种音乐，而是借由 17 世纪初的弗雷斯科巴尔迪（Frescobaldi）、18 世纪初的巴赫而出现于西方文明的音乐，这种音乐于 18 到 19 世纪，借着莫扎特、贝多芬与瓦格纳之手而彻底发扬光大。

为了厘清这句话，我想从瓦格纳的音乐剧《尼伯龙根的指环》（*The Ring*）之中引出一个具体的例子。这出音乐剧中最重要的几阕音乐主题之一，我们在法文中称为"le thème de la renunciation à l'amour"——弃绝情爱的主题。众所周知，这个主题的首次出现，是在《莱茵的黄金》(*Rheingold*)之中,当莱茵河女神告诉阿尔贝利希(Alberich)"唯有弃绝一切凡夫俗子的情爱,才能攫得黄金"之时。这阕极为震慑人心的音乐主题,是对阿尔贝利希的一个警示,正在他说要拿取黄金而从此绝情弃爱之时响起。这一切是非常清楚而简明的;"阿尔贝利希正在断绝情爱"就是这个主题的真意。

现在,这个主题再现的第二个撼人至深而且重要的时刻,是在《女武神》(*Valkyrie*)之中一个极令人费解的场景:正当齐格蒙德(Siegmund)发现他已经爱上了的齐格林德(Sieglinde)竟是他的亲妹妹,而且也正是齐格蒙德欲将那把嵌在树中的剑拔出,遂使他们开始陷入一场乱伦关系的时刻——弃绝情爱的主题倏然再现。这可算是某种玄机,因为在这时,齐格蒙德完全不是在绝情弃义——他正在做相反的事,并且是因为妹妹齐格林德而有生以来首次认识到爱情。

这个主题的第三次出现,也是在《女武神》中,在该剧的最后一幕,当诸神之王沃坦(Wotan)正在惩罚他的女儿布伦希尔德(Brunhilde),以法术将她锁于漫长的睡眠,并以火焰将她包围起来的时候。我们可以认为沃坦也是在弃绝凡俗之爱,因为他正在斩断他对女儿的亲情,但这不是很能令人信服的说法。

因此,你看,我们已经有了像在神话学中一模一样的问题,亦即,我们有一个主题——在这里是音乐的主题,而非神话的主题——在一个非常长的故事中的三个不同时刻出现(为了论证的方便起见,我们姑且将讨论范围局限在《尼伯龙根的指环》的头两出戏):开头时一次,中间一次,结尾时又一次。我想要表明的是,要了解这个主题的这种神秘再现,其不二法门在于:尽管它们看起来非常的不同,但我们还是必须将这三个事件摆在一起,一个一个叠起来,再看看我们能不能把它们当成同一个事件来处理。

于是我们会注意到:在这三个不同的场合,都有一个必须从某种束缚中被拉出来或撕扯出来的宝物,分别是沉在莱茵河底的黄金;嵌在树中的剑——一株象征性的树,代表生命的树或代表宇宙的树;还有需要被从火圈拉出来的女子布伦希尔德。于是,这主题的反复出现,提示了我们:事实上,黄金、剑与布伦希尔德是同一个东西——如果我可以这么说的话——黄金是攫取权力的工具,剑是攫取爱情的工具。同时,在黄金、剑与女子这三者间存在着合一性这个事实,其实正可以恰当地解释:为何在《诸神的黄昏》(*Twilight of the Gods*)的结尾处,是由布伦希尔德来使黄金回到莱茵河。因为他们是同一个东西,只不过是从不同的角度来看罢了。

这组情节中还有其他几个相当清楚的要点。例如:虽然阿尔贝利希弃绝了爱情,但由于黄金的缘故,他终究还是勾引了一个女人,后来为他生下儿子哈根(Hagen)。而由于获得了剑,齐格蒙德也将生下一子,就是后来的齐格弗里德(Siegfried)。因此,这个主题的反复再现,向我们揭示了一个未曾在歌词中交代的东西:在背叛者哈根与英雄齐格弗里德之间,有一种双胞胎的关系。他们两人存在着极为紧密的平行关系。这也可以解释为何齐格弗里德与哈根——或者应该说先是齐格弗里德的本尊,然后是他化身为哈根——后来能够在这故事中不同的时刻征服布伦希尔德。

我可以继续这样讲个三天三夜，不过，这几个例子也许已经足以解释，分析神话和理解音乐的方法是十分相似的。当我们听音乐的时候，我们所听的，终究是一种从一个开头走到一个结尾的东西，以及一种在时间中展开的东西。听听一首交响曲：一首交响曲有开头、中间和结尾，尽管如此，倘若我不能时时刻刻将刚才与当下所听到的乐音汇集起来，并维持着对于这首音乐之整体的意识，我仍旧丝毫不能了解交响曲，也不能从中得到任何音乐的喜悦。如果以主题与变奏的音乐公式为例，唯有心中牢记着你首先听到的主题，你才可能领会感受每一段变奏；每一段变奏都有本身独特的风味，如果你能下意识地将每段变奏叠影于你刚听过的那组变奏之上，你就会感觉出每段变奏独特的风味。

所以，在音乐的聆赏者心中，以及在神话故事的听众心中，都有一种持续不断的重建过程。这两种过程不只是在外形上相似而已，而是：这种特定的音乐形式仿佛不是创新的，只是再现了早已经存在于神话层次上的结构罢了。

举例言之，一件令人印象深刻的事情是：在巴赫的时代被规范化的赋格曲式，就活生生地表现了某些神话的运行状态——由两个人物或两群人物，好比说（虽然这是过分简化的说法）一个好人和一个坏人所构成的那种神话。这则神话所展开的故事，是一群人物想要逃离另一群人物的掌握；于是一群被另一群追捕，有时候甲群体回到乙群体，有时候乙群体遁走，都仿佛在一阕赋格曲中。这就是我们用法文称为"le sujet et la réponse"（主题与回应）的情况。对仗或交替一直贯穿了整个故事，直到两个群体几乎交融混淆在一处，这就等于赋格曲的紧密和应（stretta）；然后，在整则神话中一直对立的两个主轴终于相互融合，给予这场冲突以最后的解决或高潮。它可以是上界的权力与下界的权力、天与地，或是太阳与幽冥主宰等等角色之间的冲突。神话之大融合的结局，在结构上非常相似于消融并终结乐曲的和弦，因为后者所提供的，也是终究要被再统一的诸多极端的一次融汇。另外一些神话，或说许多群神话的建构形态,也可以被揭示为近似于一阕奏鸣曲、一首交响曲、一首轮旋曲、一首触技曲,或任何一种想象得到的音乐形式——这些形式其实都不是真由音乐所发明的,而是它在潜意识中从神话的结构中移借过来的。

我想要告诉你们一则小故事。当我在写《生食和熟食》这本书时,我决定要给这本书的每一节都安上一种音乐形式的性格,并称呼它们中的这个是"奏鸣曲",那个是"轮旋曲",等等。后来我碰上一则神话,我可以相当清楚地理解它的结构,但却无法发现与这则神话的结构相对应的一种音乐形式。于是我打电话给我的一位作曲家朋友,勒内·莱博维茨(René Leibowitz),对他说明我的难题。我告诉了他这则神话的结构:一开始是两个完全不同的故事,相互之间显然没有关系,然后才逐步交糅、融合,到最后合成了同一个主题。你要怎么称呼具有这种结构的乐曲?他绞尽脑汁想了半天,告诉我说:就他所知,在整个音乐史上,没有任何一首曲子有这种结构,所以没有这样的名称。但是,要有一首具有这种结构的曲子,显然是极为可能的;几周之后,他寄给我一份他所作的乐谱,就借用了我告诉他的那则神话的结构。

接着要说的是:音乐与语言之间的对比,是个极难处理的东西,因为在一定程度上两者对比起来极为相近,同时却又存在着极大的差异。举例来说,当代语言学家曾告诉过我们:音素(phonemes)——我们错误地用字母来表示的那些声音——是语言的基本元件,它们本身没有意义,但组合起来就有意义。你可以说它们实际上与音符是同样的东西,一个音——A、B、C、D等等——本身没有意义;它只是一个音而已。唯有音符的组合,才能构成音乐。所以你还是大可以说:既然我们是以音素来作为语言的基本材料,在音乐方面,我们就要有某种相应之物,用法文讲可以叫作 soneme,用英文来讲或许可以叫声素(toneme),这是一种相似性。

但是如果你想到语言的下一步或下一个层次,你将会发现:音素组合起来造成了语字(words);而语字组合起来则构成了语句(sentences)。但在音乐里头没有语字:音乐的基本材料是音符,把音符组合起来,随即就是一个"语句",一个旋律性的词组。因此,在语言之中有三个非常确定的层次——音素合成了语字,语字合成了语句;但在音乐里,虽然从逻辑的观点来看,音符确实多少类近于音素,但却少掉了语字的层次而直接跳到了语句。

接着再拿神话同时与音乐和语言相比较,会发现这样的差异:在神话中没有音素;最底层的元素是语字。因此,若我们拿语言来作为范本,则这个范本是由以下部分所构成的:第一,音素;第二,语字;第三,语句。在音乐中有类同于音素的成分以及语句的成分,但没有类同于语字的东西存在。在神话中,有等同于语字及语句的成分,但没有类同于音素的成分。所以,在这两方面都各少了一个层次。

倘若我们想要了解语言、神话与音乐之间的关系,我们只能这么做:将语言当成一个转折点,然后可以显示为一边是音乐,另一边是神话,两者都导源于语言,但分别朝向不同的方向生长,音乐强调已根植于语言之中的声音这个面向,而神话则强调感觉的面向、意义的面向,这也是植基于语言之中的。

索绪尔(Ferdinand de Saussure)昭示我们:

语言是由不可析离的元素所合成的——一方面是声音,另一方面是意义。此外,吾友罗曼·雅各布森(Roman Jakobson)刚刚出版了一本小书,名为《声音与意念》(*Le Son et le Sens*),亦即二者是语言之不可分割的两面:有声音,声音有一种意义,而且,若没有一个声音去表达它,便不可能有意义存在。在音乐,是由声音的元素凌驾一切,而在神话,则由意义的元素独领风骚。

从孩提时期以来,我就一直梦想要当个作曲家,或至少当个交响乐团指挥。小时候,我曾努力尝试给一出歌剧谱曲,还给这出歌剧写了唱词、画了舞台布景,但我毫无办法谱出曲来,因为我脑中缺少了某些东西。我觉得只有音乐和数学才可以真正称得上是天生的,要想做其中任何一件事,都得要有些与生俱来的细胞。我还记得很清楚:在战争期间,当我身为难民住在纽约的时候,有一次我和伟大的法国作曲家大流士·米尧(Darius Milhaud)一起吃晚饭。我问他:"你什么时候晓得你会成为一位作曲家的?"他告诉我说:当他还是个小孩子,每当在床上渐渐入睡时,他一直会听到与他所知道的那些音乐毫无关系的一种音乐,后来才发现这其实已经是他自己的音乐。

音乐与神话是(若允许我这么说的话)由语言所孕育出的同胞姊妹,后来被拆散而分别走上了不同的方向,就好像在神话故事中,一个角色走向了北方,另一个则走向了南方,两人再也不曾相见。自从我发现这一事实之后,我就想,就算我这辈子没本事用声音来谱曲,也许我还可以用意义来谱曲。

我尝试描绘的那种类同性(之前已经讲过了,但我乐意再强调一遍),就我所知,仅能适用于近几个世纪所发展出来的西方音乐。但是,如今我们正目睹着某些现象,从逻辑的观点来看,这些现象跟小说逐渐取代神话而成为主流文体这一历程颇为相似。我们正在目睹小说的消失。18 世纪时所发生的"音乐袭夺神话的结构与功能"的情节,极有可能正在重演,这一次,随着小说逐步退出文学的舞台,所谓序列音乐(serial music)已经取代了小说而成为当今的文艺作品形式。

图书在版编目(CIP)数据

神话与意义 / (法) 克洛德·列维-施特劳斯著；
杨德睿译. — 北京：商务印书馆，2021.12（2023.2重印）
（通识社会经典丛书）
ISBN 978-7-100-19609-3

Ⅰ.①神… Ⅱ.①克… ②杨… Ⅲ.①神话—研究
Ⅳ.①B932

中国版本图书馆 CIP 数据核字（2021）第 039612 号

通识社会经典丛书

神话与意义

〔法〕克洛德·列维-施特劳斯　著

杨德睿　译

商　务　印　书　馆　出　版
（北京王府井大街36号　邮政编码 100710）
商　务　印　书　馆　发　行
南京鸿图印务有限公司印刷
ISBN　978-7-100-19609-3

2021 年 12 月第 1 版　　　开本 787×1092　1/32
2023 年 2 月第 2 次印刷　　印张 2⅞

定价：25.00元